AF499734

LÉON TOLSTOÏ

Qu'est-ce que la Religion ?

TRADUIT DU RUSSE

Par J.-W. BIENSTOCK & P. BIRUKOV

PARIS. — I
P.-V. STOCK, ÉDITEUR
(Ancienne Librairie TRESSE & STOCK)
27, RUE DE RICHELIEU, 27

1902

QU'EST-CE QUE LA RELIGION?

A LA MÊME LIBRAIRIE

OUVRAGES DU COMTE LÉON TOLSTOÏ

TRADUCTIONS DE M. J.-W. BIENSTOCK

Les Rayons de l'Aube, 1 vol. in-16, 4e édition. 3 50
Paroles d'un homme libre, 1 vol. in-16, 4e édition. . . . 3 50
Sur la Question sexuelle, une broch. in-16, 3e édition. 1 »
L'unique Moyen, une brochure in-16, 2e édition 0 50
Raison, Foi, Prière, une brochure in-16. . . . . 0 50
Lettres, 1, 1 brochure in-16 . . . . 0 50
Le Carnet du Soldat, 1 broch. in-16. . . . . 0 50

Dernières nouvelles. Traduction E. Tsakny, 1 vol. in-16. Prix. 3 50
Les Décembristes. Traduction B. Tseytline et E. Jaubert, 1 vol. in-16. Prix. 3 50
Ma Confession. Traduction Zoria, 1 vol in-16. Prix. . . 3 50
La Puissance des Ténèbres. Traduction Neyroud, 1 vol. in-16. Prix . . . . 3 »
La Puissance des Ténèbres. Traduction Pawlowsky et Méténier, 1 brochure in-18. Prix. . . . . 2 »
L'Ecole de Yasnaia-Poliana. Traduction B. Tseytline et E. Jaubert, 1 vol. in-16. Prix. 3 50
La Liberté dans l'Ecole. Traduction de B. Tseytline et E. Jaubert, 1 vol. in-16. . . . . 3 50
Le Progrès et l'instruction publique en Russie. Traduction B. Tseytline et E. Jaubert, 1 vol. in-16. Prix. 3 50
Pour les Enfants. Traduction B. Tseytline et E. Jaubert, 1 vol. in-16, édition de bibliothèque. Prix . . . 3 50
Pour les Enfants, édition classique. Prix . . . . . 2 »
Que faire? Traduction Polonsky et Debesse. 1 vol. in-16. Prix 3 50
Ce qu'il faut faire. Traduction B. Tseytline et E. Jaubert. 1 vol. in-16. Prix 3 50

COMTE ALEXIS TOLSTOÏ

La Mort d'Ivan le Terrible. Traduction de B. Tseytline et E. Jaubert, 1 vol. in-16 . . . . 3 50

COMTE NICOLAS TOLSTOÏ

La Vie. Traduction E. Jardetzky, 1 vol. in-16. Prix . 3 50

ÉMILE COLIN, IMPRIMERIE DE LAGNY (S.-ET-M.)

Cte LÉON TOLSTOÏ

Qu'est-ce que la Religion?

TRADUIT DU RUSSE

Par J.-W. BIENSTOCK et P. BIRUKOV

PARIS. — I
P.-V. STOCK, ÉDITEUR
(Ancienne librairie TRESSE & STOCK)
27, RUE DE RICHELIEU, 27
(*Près le Théâtre-Français*)

1902

Il a été tiré à part
cinq exemplaires sur ***papier*** *de Hollande.*

QU'EST-CE QUE LA RELIGION?

I

Toujours, dans toutes les sociétés humaines, à certaines périodes de leur existence, un temps arrive où la religion, d'abord toute-puissante, déclinant ensuite de plus en plus, perd sa signification principale et enfin prend une forme définitive où elle se fixe; dès lors, son action sur la vie des hommes diminue progressivement.

A pareilles époques, la minorité instruite, ne croyant pas à la religion existante, feint seulement d'y croire, trouvant que c'est nécessaire pour retenir les masses populaires dans les formes établies de la vie, et ces mêmes masses populaires, bien qu'elles se tiennent par l'inertie des formes une fois établies de la religion, ne se guident déjà plus d'après les exigences de cette même religion, mais seulement d'après les coutumes populaires et les lois de l'Etat.

Il en fut souvent ainsi dans diverses sociétés humaines. Mais il n'y eut jamais rien de pareil à ce qui se passe maintenant dans notre société chrétienne : la minorité riche, dominante, plus instruite, possédant la plus grande influence sur les masses, non seulement ne croit pas à la religion existante, mais est convaincue que, dans notre temps, il n'est besoin d'aucune religion, et au lieu d'inspirer aux hommes qui doutent de la véracité de la religion professée, une doctrine quelconque plus raisonnable et plus claire que celle qui existe, elle leur inspire que la religion, en général, a vécu son temps, qu'elle est devenue aujourd'hui une institution non seulement inutile mais nuisible à l'existence des sociétés, de même que le cœcum dans l'organisme de l'homme. Ces hommes étudient la religion non comme une chose que nous connaissons par la réflexion intérieure, mais comme un évènement extérieur, comme une maladie dont certains hommes sont atteints et que nous ne pouvons étudier que par les symptômes extérieurs.

La religion, selon certains de ces hommes, provient de l'animation de tous les phénomènes de la nature (animisme); selon les autres, de la représentation de la possibilité des relations avec les ancêtres; selon les troisièmes, de la peur devant les forces de la nature. Et, disent les savants de notre temps, puisque la science a prouvé que les arbres et les pierres ne peuvent être animés, que les ancêtres morts ne sentent plus ce que font les vivants, et que les phénomènes de la nature sont expliqués par les causes naturelles : alors disparaît la nécessité de la religion et de toutes les entraves que, grâce aux croyances religieuses, les hommes s'imposèrent. D'après l'opinion des savants, il y eut une période d'ignorance, celle-ci, religieuse. Cette période depuis longtemps déjà a été franchie par l'humanité et il n'en reste plus que de rares indices ataviques. Ensuite vint la période métaphysique, qui elle aussi a vécu. Maintenant, nous, les hommes éclairés, nous vivons dans la période scientifique, dans la période de la science positive qui remplace la religion et conduit l'humanité à un si haut degré de développement, qu'elle n'aurait jamais pu l'atteindre, en restant soumise aux doctrines superstitieuses, religieuses.

Au commencement de 1901, l'illustre savant français, Berthelot, prononça un discours (1) dans lequel il communiqua à ses auditeurs l'idée que le temps de la religion est déjà passé, et qu'elle doit être maintenant remplacée par la science. Je cite ce discours, car c'est le premier qui me tombe sous la

(1) *Revue de Paris*. Janvier 1901.

main, et parce qu'il fut prononcé dans la capitale du monde instruit par un savant reconnu de tous. Mais la même idée s'exprime sans cesse et partout, en commençant par les traités de philosophie jusqu'aux feuilletons des journaux. Dans ce discours, M. Berthelot dit qu'auparavant, deux moteurs : la force et la religion, poussaient l'humanité, mais que maintenant, ces moteurs sont devenus superflus puisqu'à leur place, il y a la *Science*. Et sous ce mot, *Science*, évidemment M. Berthelot, comme tous ceux qui croient en la science, entend telle science qui embrasse tout le domaine des connaissances humaines liées harmoniquement entre elles, classées selon le degré de leur importance et possédant de telles méthodes que toutes les données qu'elles trouvent constituent une vérité indiscutable. Mais puisqu'en réalité une pareille science n'existe pas et que ce qu'on appelle la Science n'est que la réunion des connaissances éparses, sans liens, souvent complètement inutiles et qui non seulement ne représentent pas la vérité absolue, mais constituent parfois les erreurs les plus grossières, données aujourd'hui comme la vérité et contredites demain, — alors, évidemment, il n'existe pas cet objet qui, selon M. Berthelot, doit remplacer la religion. Aussi, l'affirmation de M. Berthelot, et des personnes qui pensent comme lui, que la science doit remplacer la religion, est-elle tout à fait arbitraire, et basée sur une foi que rien ne justifie : sur la foi en la science impeccable, tout à fait analogue à la foi en l'Eglise impeccable. Et cependant des hommes qu'on appelle savants et qui sont tenus pour tels, sont tout à fait convaincus qu'il existe déjà une pareille science qui doit et peut remplacer la religion et l'a déjà supprimée.

« La religion a vécu ; croire en quelque chose, en dehors de la science, c'est l'ignorance. La science établit tout ce qui est nécessaire, et pour guide dans la vie, elle seule suffit » — pensent et soutiennent les savants et même des gens de la foule, qui, bien que fort loin de la science, croient aux savants et affirment avec eux que la religion est une superstition morte et qu'il est nécessaire de se guider dans la vie par la science seule, ou en d'autres termes, par rien, puisque la science par son but même — l'étude de tout ce qui est — ne peut donner aucun manuel de la vie des hommes.

II

Les savants de notre temps ont décidé que la religion n'est pas nécessaire, que la science la remplacera ou la remplace déjà, et cependant, maintenant comme autrefois, aucune société humaine, aucun homme raisonnable, ne vécut et ne peut vivre sans religion. (Je dis l'homme raisonnable, parce que l'homme non raisonnable peut, ainsi que l'animal, vivre sans religion.) L'homme raisonnable ne peut vivre sans religion, parce que c'est la religion seule qui lui donne le guide nécessaire de ce qu'il doit faire et lui indique dans quel ordre il doit le faire.

L'homme raisonnable ne peut vivre sans religion, précisément parce que la raison est le propre de sa nature. Chaque animal se guide dans ses actes — outre les actes auxquels l'entraînent les besoins directs de la satisfaction de ses désirs — par la considération de leurs suites immédiates. En calculant ces conséquences par les moyens de connaissance qu'il possède, l'animal fait concorder ses actes avec ces conséquenes et toujours, sans hésitation, agit conformément à ses calculs. Ainsi, par exemple, l'abeille va chercher le miel et l'apporte dans sa ruche parce que, l'hiver, elle aura besoin de la nourriture recueillie pour elle et sa progéniture, et elle ne sait rien et ne peut rien savoir au delà de ces considérations. De même agit l'oiseau qui construit son nid ou qui émigre du nord au sud et inversement. De même agit tout animal qui accomplit un acte ne découlant pas de ses besoins directs, immédiats, mais duquel dépendent certaines conséquences. Il en va autrement de l'homme. La différence entre l'homme et l'animal est en ce que les capacités intellectuelles de l'animal se bornent à ce que nous appelons l'instinct, tandis que la principale faculté intellectuelle de l'homme, c'est la raison. L'abeille qui cherche sa nourriture ne peut avoir aucun doute sur le point de savoir s'il est bien ou mal de la trouver. Mais l'homme, en recueillant la moisson ou les fruits, ne peut pas ne pas se demander s'il ne détruit pas pour l'avenir la croissance du blé ou des fruits ? ou si par cette récolte il n'enlève pas, la nourriture nécessaire à son prochain ? Il ne peut pas non plus se dispenser de songer à ce qu'il adviendra de ses enfants, qu'il élève, etc. Les questions les plus importantes de la conduite de la vie ne peuvent pas, pour un homme intelligent, être résolues définitivement et exactement à cause du grand nombre de conséquences qu'il lui est impossible de ne pas remarquer. Tout homme intelligent, s'il ne le sait pas, sent que dans les questions les plus importantes de la vie il ne peut se guider ni par l'impulsion spontanée de ses sentiments, ni par des considérations sur les résultats les plus proches de son activité, parce qu'il les voit en trop grand nombre et souvent contraditoires ; c'est-à-dire qu'il voit des résultats qui ont des chances égales d'être bienfaisants ou malfaisants pour lui et pour les autres hommes. Une légende raconte qu'un ange descendit sur la terre, dans une famille très pieuse et y tua un enfant au berceau, et que, quand on lui demanda le pourquoi de cet acte, il expliqua que cet enfant serait devenu un grand malfaiteur et eût fait le malheur de sa famille. Mais la question n'est pas seulement celle-ci : quelle vie humaine est utile, inutile, nuisible? et toutes les questions les plus importantes de la vie ne peuvent être résolues par un homme intelligent, d'après les considérations de leurs relations et de leurs résultats les plus proches. L'homme raisonnable ne peut pas se contenter des considérations qui guident les actes des animaux.

L'homme peut se considérer comme un animal parmi les animaux qui vivent au jour le jour; il peut se considérer aussi comme membre de la famille, de la société et du peuple qui vivent les siècles; il peut, et même il doit absolument (parce que sa raison l'y entraîne irrésistiblement) se considérer comme une partie du monde infini qui vit dans le temps infini. C'est pourquoi l'homme raisonnable devait faire et fit toujours envers les événements infimes de la vie susceptibles d'influencer ses actes, ce qu'on appelle en mathématique, « intégrer », c'est-à-dire qu'il établit outre son rapport envers les phénomènes les plus proches de la vie, son rapport envers tout le monde infini dans le temps et dans l'espace, en le comprenant comme une unité. Et cet établissement du rapport de l'homme à ce tout dont il se sent une partie et duquel il tire le guide de ses actes, est ce qu'on appelait et appelle la religion. C'est pourquoi, la religion fut toujours, et ne peut cesser d'être, la nécessité et la condition inéluctable de la vie d'un homme raisonnable et de l'humanité raisonnable.

III

La religion fut toujours comprise ainsi par les hommes non privés des capacités de la conscience supérieure, c'est-à-dire religieuse, qui distingue l'homme de l'animal. La définition la plus ancienne et la plus habituelle, de laquelle vient le mot lui-même, *Religio* (*religare*, lier), est celle-ci : *La religion est le lien entre l'homme et Dieu.* « *Les obligations de l'homme envers Dieu, voilà la religion* », dit Vauvenargues. Schleiermacher attribue à la religion la même signification, ainsi que Feuerbarch en reconnaissant que *la base de la religion*, *c'est la conscience qu'a l'homme de sa dépendance envers Dieu. La religion est une affaire entre chaque homme et Dieu.* (Beyle). *La religion est le résultat des besoins de l'âme et des effets de l'intelligence.* (B. Constant). *La religion est un certain moyen pour l'homme de réaliser son rapport envers les forces surhumaines et mystérieuses desquelles il se croit dépendant.* (Goblet d'Alviella). *La religion, c'est la définition de la vie humaine par le lien de l'âme humaine avec cet esprit mystérieux dont la domination sur le monde et sur l'individu est reconnue par l'homme, et avec lequel il se sent uni.* (A. Réville.)

De sorte que l'essence de la religion fut toujours comprise et se comprend encore, par les hommes non privés des qualités humaines supérieures, comme l'établissement, par l'homme, de son rapport envers l'être infini ou envers les êtres dont il sent sur lui le pouvoir. Et ce rapport, bien que différent pour les divers peuples et suivant les époques, *a toujours défini pour les hommes leur destination* dans le monde, destination d'où procédait naturellement le guide de leur activité. L'Hébreu comprenait ainsi son rapport envers l'infini : il était *membre du peuple choisi par Dieu entre tous les* peuples, et pour cette raison il devait observer, envers Dieu, le pacte conclu par Dieu avec ce peuple. Le Grec comprenait son rapport de telle sorte que lui, étant sous la dépendance des représentants de l'infini — des dieux — devait leur être agréable. Le Brahme comprenait ainsi son rapport envers l'infini Brahma : il est la manifestation de ce Brahma, et il doit, par l'abdication de sa vie, aspirer à se confondre avec cet être supérieur. Le Bouddhiste comprenait et comprend ainsi son rapport envers l'infini : en passant d'une forme de la vie dans l'autre, il doit souffrir inévitablement ; les souffrances proviennent des passions et des désirs, il doit donc aspirer à la destruction de tous les désirs et passions, et à son passage au Nirvâna. Chaque religion est ce qui établit le rapport de l'homme envers l'existence infinie à laquelle il se sent attaché et d'où il tire le guide de son activité. C'est pourquoi, si la religion n'établit pas le rapport de l'homme envers l'infini, comme l'idolâtrie ou la magie, par exemple, ce n'est déjà pas une religion mais seulement sa dégénérescence. Si la *religion, bien qu'établissant le rapport de l'homme* envers Dieu, l'établit par des affirmations ne concordant pas avec la raison et le savoir actuel des hommes, en sorte que l'homme ne peut croire en *ces affirmations, ce n'est pas non plus une religion,* mais un semblant de religion. Si la religion ne lie pas la vie de l'homme avec l'existence infinie, ce n'est pas non plus une religion. De même ce n'est pas une religion, celle qui exige une foi d'où ne découle pas la direction définitive de l'activité de l'homme.

La vraie religion, c'est, concordant avec la raison et avec le savoir de l'homme, le rapport établi par lui envers la vie infinie qui l'entoure, qui lie sa vie avec cet infini et le guide dans ses actes.

IV

Bien que partout et toujours les hommes n'aient pas vécu et ne vivent pas sans religion, les savants de notre temps disent : comme le *Médecin malgré lui*, de Molière, qui affirme que le foie est du côté gauche : « Nous avons changé tout cela » et affirment qu'on peut et qu'il faut vivre sans religion. Mais la religion reste ce qu'elle était, le moteur principal, le cœur, l'organisme vital de la société humaine, et sans elle, comme sans le cœur, il ne peut être de vie raisonnable. Il y eut et il y a beaucoup de religions diverses, parce que l'expression du rapport de l'homme envers l'infini, envers Dieu, ou les dieux, est différente selon le temps et le degré du développement des divers peuples, mais jamais aucune société d'hommes, depuis que les hommes sont devenus des êtres raisonnables, ne pouvait vivre, par conséquent ne vivait pas, et ne peut vivre sans religion.

Il est vrai que dans la vie des peuples, il y eut et il y a des périodes où la religion existante fut si dénaturée et si en retard sur la vie que déjà elle ne la guidait plus... Mais, cette cessation de son influence sur la vie des hommes, qui se produit pour chaque religion à certaines époques, n'était que temporaire. La religion, comme tout ce qui vit, a la propriété de naître, de se développer, de vieillir, de mourir, de renaître, et de reparaître toujours sous une forme plus perfectionnée que la forme précédente. Après la période de développement supérieur de la religion, arrive toujours la période de son affaiblissement, de son arrêt après lequel suit ordinairement la période de résurrection et l'établissement d'une doctrine religieuse plus raisonnable et plus claire qu'auparavant. De semblables périodes de développement, d'arrêt et de résurrection se retrouvent dans toutes les religions : quand la profonde religion brahmine commença à vieillir et à se pétrifier dans les formes grossières une fois établies et qui l'éloignaient de son sens initial, parurent, d'un côté, la résurrection du Brahmanisme et de l'autre, la doctrine élevée du Bouddhisme qui activait la compréhension par l'humanité de son rapport envers l'infini. La même chose eut lieu pour les religions grecque et romaine, et aussitôt après le dernier degré de la décadence, parut le christianisme. Il en fut de même avec le christianisme ecclésiastique qui se transformait à Byzance en idolatrie, en adoration d'une foule de dieux, quand, pour contrepoids de ce christianisme dénaturé, parut d'un côté le Paulicianisme et de l'autre, contraire à la doctrine de la Trinité et de la Vierge-mère, le sévère mahométisme avec son dogme fondamental d'un Dieu unique. La même chose a eu lieu avec le christianisme papal du moyen âge, qui provoqua la Réforme. De sorte que les périodes d'affaiblissement des religions, au point de vue de leur influence sur la majorité des hommes, sont la condition nécessaire de la vie et du développement de toutes les doctrines religieuses. Cela provient de ce que chaque doctrine religieuse, dans son vrai sens, quelque grossier qu'il soit, établit toujours un rapport égal pour tous les hommes, entre l'homme et l'infini. Chaque religion reconnaît l'homme également infime devant l'infini et c'est pourquoi chaque religion comprend toujours la conception de l'égalité de tous les hommes devant ce qu'elle considère comme Dieu, que ce soit la foudre, le vent, l'arbre, l'animal, le héros, l'empereur défunt ou même vivant, comme c'était à Rome. De sorte que la reconnaissance de l'égalité des hommes est une qualité générale, fondamentale de chaque religion. Mais puisqu'en réalité nulle part et jamais n'exista et n'existe l'égalité des hommes, alors, aussitôt que paraît une nouvelle doctrine religieuse, qui contient toujours en soi la reconnaissance de l'égalité de tous les hommes, aussitôt, des hommes pour qui l'inégalité était avantageuse, s'efforcent de cacher cette qualité fondamentale de la doctrine religieuse en la dénaturant. Ainsi fut fait, partout et toujours, quand parut une nouvelle doctrine religieuse, et le plus souvent ce n'était pas fait consciemment, mais seulement parce que les hommes dominants, riches, pour qui l'inégalité des hommes était avantageuse, — car elle leur permettait de conserver leur situation, — se sentaient le droit, devant la doctrine admise, de tâcher, par tous les moyens, d'attribuer à la doctrine religieuse une signification d'après laquelle l'inégalité serait admise. Et une telle dénaturation de la religion, d'après laquelle les dominants pouvaient se croire dans leur droit, transmise naturellement aux masses, inspirait aussi à ces masses que leur soumission à ceux qui dominent est une des exigences de la religion qu'ils professent.

V

Toute activité humaine est provoquée par trois causes impulsives : le sentiment, la raison, la suggestion, ce même état que les médecins appellent *l'hypnose*. Parfois l'homme n'agit que sous l'influence du sentiment en aspirant d'atteindre à ce qu'il désire. Parfois il agit sous l'influence de la raison qui lui montre ce qu'il doit faire. Parfois et le plus souvent, l'homme agit parce que lui-même ou les autres hommes, lui ont inspiré une certaine activité, et qu'inconsciemment il se soumet à cette suggestion. Dans les conditions normales de la vie, les trois mobiles concourent à l'activité de l'homme. Le sentiment l'entraîne vers une certaine activité, la raison contrôle la conformité de cette activité avec le milieu ambiant, avec le passé et avec l'avenir supposé et la suggestion force un homme à exécuter, sans sentir et sans penser, les actes excités par le sentiment et approuvés par la raison. Sans le sentiment, l'homme n'entreprendrait rien ; sans la raison, il s'adonnerait en même temps à beaucoup de sentiments contradictoires et nuisibles à lui-même et aux autres ; sans la capacité de se soumettre à sa suggestion et à celle des autres, l'homme devrait sans cesse éprouver le sentiment qui le pousserait à une certaine activité et soumettre sa raison au contrôle de l'opportunité de ses sentiments. C'est pourquoi ces trois mobiles sont nécessaires pour tout acte humain, si simple soit-il. Si l'homme marche d'un endroit à l'autre, cela vient de ce que le sentiment le poussant à passer d'un endroit à un autre, la raison a approuvé cette intention et prescrit le moyen de l'accomplir (dans l'exemple actuel, la marche par un certain chemin) et les muscles du corps obéissent et l'homme suit le chemin indiqué. En même temps, quand il marche, le sentiment et la raison se rendent libres pour une autre activité, ce qui ne pourrait être sans la capacité de se soumettre à la suggestion. Il en est ainsi pour toutes les activités humaines et de même pour la plus importante, pour l'activité religieuse. Le sentiment excite le besoin d'établir les rapports de l'homme envers Dieu, la raison définit ce rapport, la suggestion pousse l'homme à l'activité qui découle de ce rapport. Mais cela n'a lieu que si la religion n'a pas encore subi de déformation. Car aussitôt qu'en commence la dénaturation, la suggestion grandit de plus en plus, et l'influence du sentiment et de la raison s'affaiblit. Les moyens de suggestion sont partout et toujours les mêmes. Ces moyens consistent à profiter de cet état où l'homme est le plus capable d'être l'objet de la suggestion (l'enfance, les événements importants de la vie : mort, naissance, mariage), et par les œuvres d'art : d'architecture, de sculpture, de peinture, de musique, de représentations dramatiques, dans cet état de réceptivité semblable à celui qui s'obtient pour l'homme en particulier par le sommeil provoqué, — pour lui inspirer ce qui est désirable à celui qui suggère.

On peut observer ce phénomène dans toutes les vieilles religions : dans la doctrine élevée des Brahmes, qui dégénéra en l'adoration grossière d'images innombrables en divers temples, sous l'accompagnement des chants et de l'encens ; dans la religion juive antique, qui était propagée par les prophètes et se transforma dans l'adoration de Dieu en un temple somptueux, avec les chants solennels et les processions ; dans la doctrine élevée du Bouddhisme qui, avec les monastères et les images de Bouddha, les rites solennels innombrables, se transforme dans le mystérieux Lamaïsme et dans ce Tsaoïsme avec sa magie et ses exorcismes.

Toujours, dans toutes les doctrines religieuses, quand elles commencèrent à être déformées, leurs gardiens employèrent tous leurs efforts à amener les hommes à l'état d'affaiblissement de l'activité raisonnable, afin de leur inspirer ce qui leur convenait. Et dans toutes les religions il fallait inspirer les trois principes qui servent de base à toutes les altérations que subissent les religions vieillissantes. Premièrement : qu'il y a des hommes d'une espèce particulière qui seuls peuvent être intermédiaires entre les hommes et Dieu ou les dieux ; deuxièmement, que des miracles, ont eu lieu et ont lieu, qui prouvent la véracité de ce que disent les intermédiaires entre les hommes et Dieu ; et troisièmement, qu'il y a certaines paroles, transmises verbalement ou inscrites dans les livres qui expriment la volonté immédiate de Dieu ou des dieux, et qui, à cause de cela, sont saintes et impeccables. Et, dès que sous l'influence de l'hypnose, ces propositions sont acceptées, alors déjà ce que disent les intermédiaires entre Dieu et les hommes est accepté comme une sainte vérité, et alors le but principal de l'altération de la religion est atteint — non seulement la dissimulation de la loi de l'égalité des hommes, mais aussi le rétablissement et l'affirmation de l'inégalité la plus grande, la division en castes : des hommes et des *goym*, des fidèles et des infidèles, des saints et des pécheurs. La même chose se fit et se fait dans le christianisme : on admit une complète inégalité des hommes entre eux, divisés non seulement au point de vue de la compréhension de la religion, le clergé et le peuple, mais aussi dans le sens de la situation sociale, la division entre les hommes qui ont le pouvoir et ceux qui doivent se soumettre à ce pouvoir ; division que la doctrine de Saint Paul reconnaît comme établie par Dieu lui-même.

VI

L'inégalité des hommes entre eux, non seulement du clergé et des laïques, mais des pauvres et des riches, des maîtres et des esclaves, est établie par la religion chrétienne ecclésiastique sous une forme aussi définie et aussi dure que dans les autres religions. Et cependant, à en juger par les données que nous avons sur l'état primitif du christianisme, selon la doctrine exprimée dans les évangiles, il semble que les principaux moyens d'altération employés par les autres religions, étaient prévus et qu'un avertissement fut exprimé clairement contre eux. Contre l'ordre des prêtres, il est dit tout carrément : qu'aucun homme ne peut être le maître d'un autre. (Ne vous appelez pas les Pères et les Maîtres) ; contre l'attribution du caractère sacré aux écritures, il est dit : que l'esprit est important et non la lettre, que les hommes ne doivent pas croire aux traditions humaines et que toute la loi et les prophètes, — c'est-à-dire tous les livres considérés comme la sainte écriture — se réduit à cela : à agir envers les autres comme on veut que les autres agissent envers soi. Si rien n'est dit contre les miracles et si dans l'évangile même des miracles sont décrits comme accomplis par Jésus, on voit toutefois, par tout l'esprit de la doctrine, que Jésus a basé la véracité de la doctrine non sur les miracles, mais sur la doctrine elle-même (qui veut savoir si ma doctrine est vraie, fasse ce que je dis.) Et principalement le christianisme proclame l'égalité des hommes non plus déjà comme une conséquence du rapport des hommes envers l'infini, mais comme une doctrine fondamentale de fraternité de tous les hommes, puisque tous les hommes sont reconnus comme les enfants de Dieu. Il semblerait donc qu'on ne puisse dénaturer le christianisme de façon à détruire la conscience de l'égalité des hommes entre eux. Mais l'esprit humain est fertile, et, consciemment ou demi-consciemment fut inventé un moyen tout nouveau (un truc, comme disent les Français) pour rendre inefficaces les avertissements des évangiles et la proclamation claire de l'égalité de tous les hommes. Ce « truc » consiste en ceci ; on attribue l'impeccabilité non seulement à une certaine lettre, mais aussi à une certaine réunion d'hommes qu'on appelle l'Église et qui a le droit de transmettre cette impeccabilité aux hommes qu'elle choisit.

On a inventé un petit supplément aux évangiles, à savoir que le Christ, en montant au ciel, a transmis à certaines personnes le droit exclusif, non seulement d'enseigner aux hommes la vérité divine (selon la lettre du verset de l'évangile, il a transmis en outre le droit dont on ne jouit pas ordinairement, de n'être pas mordu par les serpents, d'être rebelle à tous les poisons et au feu), mais aussi de sauver ou non des hommes et principalement de transmettre ce droit à d'autres hommes. Et dès que la conception de l'Église fut fermement établie, alors tous les principes évangéliques devinrent inefficaces à en empêcher l'altération puisque l'Église était supérieure à la raison et aux écrits tenus pour sacrés. La raison était reconnue comme une source d'erreurs et l'évangile interprété non comme le demande le bon sens mais comme le voulaient ceux qui composaient l'Église.

C'est pourquoi les trois anciens moyens d'altération de la religion : le sacerdoce, les miracles, l'impeccabilité des Ecritures, étaient aussi admis dans toute leur force, par le christianisme. Il reconnaissait la légalité de l'existence des intermédiaires entre Dieu et les hommes, puisque l'Eglise en avait reconnu la nécessité et la légalité; il reconnaissait la réalité des miracles, puisque l'Eglise impeccable en témoignait; la Bible était reconnue pour sacrée, puisque l'Eglise le déclarait.

Et le christianisme était altéré comme toutes les autres religions, seulement avec cette différence que, précisément parce que le christianisme proclamait avec une clarté particulière son principe fondamental de l'égalité de tous les hommes comme enfants de Dieu, il lui était donc nécessaire de défigurer fortement toute la doctrine pour en masquer le principe fondamental.

Avec l'aide de la conception de l'Eglise, c'est précisément ce qui fut fait, et sur une échelle que n'atteignit jamais aucune autre doctrine religieuse. En effet, jamais aucune religion ne propagea un principe si évidemment en désaccord avec la raison et le savoir actuel des hommes, et aussi immoral, que celui que propage le christianisme de l'Eglise. Sans parler déjà de toutes les inepties de l'Ancien Testament : comme la création de la lumière avant le soleil, la création du monde il y a 6.000 ans, la réunion de tous les animaux dans l'arche, et divers faits immoraux dans le genre de la prescription du meurtre des enfants et de populations entières, par l'ordre de Dieu, sans même parler de ce sacrement inepte qui faisait dire à Voltaire : « Il y avait et il y a beaucoup de doctrines religieuses ineptes, mais jamais il n'en exista une dans laquelle le principal acte religieux consistât à manger son Dieu » ; sans parler déjà qu'il ne peut être rien de plus absurde que la mère de Dieu, en même temps mère et vierge, que le ciel s'ouvrant et laissant entendre des voix, que le Christ montant au ciel, où il se tient quelque part à droite de son père, que Dieu est un et trois, et non trois dieux comme Brahma, Vichnou et Çiva, mais un seul et en même temps, trois. Que peut-il y avoir de plus immoral que cette doctrine effroyable selon laquelle Dieu, méchant et vindicatif, punit tous les hommes pour le péché d'Adam, puis, pour les sauver, envoie son fils sur la terre, en sachant d'avance que les hommes le tueront, et que, pour cela, ils seront maudits ; que le moyen pour les hommes d'être sauvés du péché consiste à être baptisés et à croire que tout est arrivé précisément de cette façon, et que le fils de Dieu a été tué par les hommes pour le salut des hommes, et que Dieu punit par des souffrances éternelles ceux qui ne croient pas cela? De sorte que, sans même parler de ce que quelques-uns considèrent comme le supplément des dogmes principaux de cette religion : comme toutes les croyances en diverses reliques, icônes de diverses Notre-Dame, prières quémandeuses adressées à divers saints, selon leur spécialité, sans parler aussi de la doctrine de la prédestination des protestants, les bases mêmes de cette religion établies par le symbole de Nicée, reconnues par tous, sont si ineptes et immorales, et sont jusqu'à tel point en contradiction avec le bon sens et la raison, que les hommes n'y peuvent croire. Les hommes peuvent répéter des lèvres certaines paroles, mais ils ne peuvent croire en ce qui n'a pas de sens. On peut dire des lèvres : je crois que le monde a été créé il y a 6.000 ans, ou : je crois que le Christ est monté au ciel et qu'il est assis à la droite du père, ou que Dieu est un et en même temps trois, mais personne ne peut y croire, parce que ces paroles n'ont aucun sens. C'est pourquoi les hommes de notre monde qui professent le christianisme dénaturé, en réalité ne croient-ils à rien. Et c'est la particularité de notre temps.

VII

Les hommes de notre temps ne croient en rien et en même temps, par cette définition mensongère de la foi qu'ils tirent des épîtres aux Hébreux, attribuées faussement à Paul, ils imaginent qu'ils ont la foi. La foi, selon cette définition, c'est la réalisation (ὑπόστασις) de l'attendu et la certitude (ἔλεγχος) en l'invisible. Mais sans parler déjà que la foi ne peut être la réalisation de l'attendu, puisque la foi c'est un état d'âme et que la réalisation de l'attendu est un fait extérieur, la foi n'est pas non plus la certitude de l'invisible puisque cette certitude, comme il est expliqué plus loin, est basée sur la confiance au témoignage de la vérité; et la confiance et la foi sont deux conceptions différentes. La foi n'est ni l'espoir ni la confiance, c'est un état d'âme particulier. La foi, pour l'homme, c'est la conscience d'avoir dans le monde telle situation qui l'oblige à certains actes. L'homme agit selon sa foi, non parce que, comme il est dit dans le catéchisme, il croit dans l'invisible comme dans le visible, et non parce qu'il espère recevoir l'attendu, mais seulement parce qu'en définissant sa situation dans le monde, il agit naturellement en accord avec cette situation. De sorte que le cultivateur laboure la terre, le navigateur s'aventure sur la mer, non parce que, comme il est dit dans le catéchisme, l'un et l'autre croient dans l'invisible ou espèrent recevoir une récompense de leur activité (cette espérance existe, mais ce n'est pas elle qui les guide), mais parce qu'ils croient que cette activité est leur vocation. De même, le croyant agit d'une certaine façon, non parce qu'il croit dans l'invisible ou attend la récompense de ses actes, mais, parce qu'ayant compris sa situation dans le monde, il agit naturellement en accord avec cette situation. Si un homme a défini sa situation dans la société, qu'il soit manœuvre, artisan, fonctionnaire ou marchand, alors il croit nécessaire de travailler et travaille comme un manœuvre, comme un artisan, comme un fonctionnaire ou comme un marchand. De même l'homme, en général, ayant défini de telle ou telle façon sa situation dans le monde, inévitablement et naturellement agit d'accord avec cette définition (parfois ce n'est pas même une définition, mais une conscience vague). Ainsi, par exemple, l'homme, en définissant sa situation dans le monde comme membre du peuple choisi par Dieu, qui, pour jouir de la protection divine, doit satisfaire aux exigences de Dieu, vivra pour remplir ces exigences; un autre, ayant défini sa situation dans le passage en diverses formes de l'existence, et convaincu que de ses actes dépend plus ou moins son avenir meilleur ou pire, se guidera dans la vie par cette définition; la conduite d'un troisième qui a défini sa situation, l'agglomération fortuite des atomes sur laquelle, pour un certain temps, s'est enflammée la conscience qui doit se détruire pour toujours, sera différente de celle des deux premiers.

La conduite de ces hommes sera complètement différente parce qu'ils ont défini différemment leur situation, c'est-à-dire parce qu'ils croient différemment. La foi est la même chose que la religion, avec cette différence que sous le mot *religion* nous comprenons le phénomène observé à l'extérieur, et que par *la foi*, nous désignons le même phénomène éprouvé par l'homme en lui-même. La foi, c'est le rapport reconnu par l'homme envers le monde infini duquel découle la direction de son activité. C'est pourquoi la vraie foi n'est jamais irraisonnable, jamais en désaccord avec le savoir existant, et son propre ne peut-être le non naturel et l'insensé, comme le pensait et l'exprima un père de l'Église en disant : *Credo quia absurdum*. Au contraire, les affirmations de la vraie foi, bien qu'elles ne puissent pas être prouvées, non seulement ne contiennent rien de contraire à la raison et en désaccord avec le savoir humain, mais toujours expliquent ce qui, dans la vie, paraît, sans les principes de la foi, irraisonnable et contradictoire.

Ainsi, par exemple, l'Hébreu antique qui croyait à l'existence d'un être supérieur, éternel, omnipotent, créateur du monde, de la terre, des animaux, de l'homme, etc., et qui avait promis de protéger son peuple si ce peuple accomplissait sa loi, ne croyait pas en quelque chose d'irraisonnable en désaccord avec son savoir, mais au contraire, cette croyance lui expliquait beaucoup de phénomènes de la vie inexpliqués sans cela.

De même l'Indou qui croit que nos âmes étaient dans des animaux et que selon notre vie bonne ou mauvaise, elles passeront dans les animaux supérieurs ou inférieurs, s'explique par cette foi beaucoup de phénomènes incompréhensibles sans elle. Il en va de même avec un homme qui croit que la vie est un mal et que le but de la vie est le repos atteint par la destruction des désirs. Il croit non en quelque chose d'irraisonnable, mais au contraire en ce qui fait sa conception du monde plus raisonnable qu'elle ne le serait sans cela. Il en va de même avec un vrai chrétien, qui croit que Dieu est le père spirituel de tous les hommes et que le bien suprême de l'homme est atteint quand il reconnaît sa filiation avec Dieu et la fraternité de tous les hommes entre eux. Toutes ces croyances, si elles ne peuvent être prouvées, ne sont pas déraisonnables en soi, mais au contraire donnent le sens le plus raisonnable aux phénomènes de la vie qui paraissent irraisonnables et contradictoires sans ces croyances. En outre, toutes ces croyances, en définissant la situation de l'homme, exigent inévitablement certains actes correspondant à cette situation.

C'est pourquoi, si une doctrine religieuse affirme des propositions insensées qui n'expliquent rien mais ne font qu'embrouiller davantage la compréhension de la vie, ce n'est pas une foi, mais son altération qui a déjà perdu les qualités principales de la vraie foi, et non seulement n'exige rien des hommes, mais reçoit pour les hommes un caractère servile. Une des différences principales entre la vraie foi et sa dénaturation, c'est qu'avec la dénaturation de la foi, l'homme exige de Dieu qu'il remplisse ses désirs et le serve en échange de ses prières et de ses sacrifices. Avec la vraie foi, l'homme sent que Dieu veut de lui l'accomplissement de sa volonté, et exige qu'il le serve.

Et, cette foi, non seulement n'existe pas chez les hommes de notre temps, mais ils ne savent même pas ce que c'est et ils comprennent sous la foi, ou la répétition verbale de ce qu'on leur donne comme l'essence de la foi, ou l'accomplissement de rites qui les aident à recevoir ce qu'ils désirent, comme le leur apprend le christianisme de l'Église.

VIII

Les hommes de notre monde vivent sans aucune foi. Une partie des hommes, la minorité, riche, instruite, affranchie des suggestions de l'Église, ne croit en rien parce qu'elle considère toute foi ou comme une bêtise ou seulement comme une arme utile pour dominer les masses. L'énorme majorité, pauvre, ignorante, à l'exception près des quelques hommes qui croient réellement, se trouvant sous l'influence de l'hypnose, pense croire en ce qui lui est inspiré, sous l'aspect de la foi, mais qui n'est pas la foi, puisque non seulement, elle n'en reçoit pas l'explication de sa situation dans le monde, mais n'en est que plus obscurcie. La vie de notre monde, dit chrétien, est faite de cette situation et du rapport réciproque entre la minorité non croyante qui feint, et la majorité hypnotisée. Et cette vie, celle de la minorité qui tient entre ses mains les moyens d'hypnose, ainsi que celle de la majorité hypnotisée, est terrible par la cruauté et l'immoralité des dominants, et par l'oppression et l'abrutissement des grandes masses ouvrières. Jamais à aucune époque de chute religieuse, le dédain et l'oubli de la qualité essentielle de chaque religion, et surtout de la religion chrétienne, de l'égalité des hommes, n'atteignirent le degré qu'ils ont atteint de notre temps. La cause principale de l'horrible cruauté contemporaine de l'homme envers l'homme, outre l'absence complète de religion, est encore dans cette complexité raffinée de la vie qui cache aux hommes les conséquences de leurs actes. Quelque cruels qu'aient été les Attila, les Tchinguiss-Khan et leurs soldats, quand ils tuaient des hommes, eux-mêmes, face à face, le procédé de l'assassinat devait leur être désagréable, et encore plus désagréables les conséquences du meurtre : les gémissements des parents, la présence des cadavres, de sorte que ces conséquences de la cruauté la modéraient. En notre temps, nous tuons des hommes avec une telle complexité de transmission, les conséquences de notre cruauté nous sont si soigneusement dérobées et cachées qu'il n'y a rien pour brider cette cruauté, et la férocité des hommes entre eux s'accroît tant et tant qu'elle est arrivée de nos jours à des limites que jamais encore elle n'avait atteintes.

Je pense que si de notre temps, non seulement un malfaiteur reconnu de tous, un Néron quelconque, mais un simple entrepreneur, voulait faire un étang avec le sang humain, pour y faire baigner, selon la prescription de savants médecins, des riches malades, il le pourrait sans aucun obstacle, sous la condition d'y mettre les formes convenables, acceptées, c'est-à-dire, de ne pas prendre par la force le sang des hommes, mais de les amener à une telle situation, qu'eux-mêmes ne puissent se dispenser de le donner, et qu'en outre il ait soin d'inviter des prêtres, et des savants, les premiers pour bénir le nouvel étang comme ils bénissent les canons, les fusils, les prisons, les gibets, et les seconds pour établir les preuves de la nécessité et de la légalité d'un tel établissement, de même qu'ils ont trouvé les preuves de la nécessité des guerres et des maisons de tolérance. Le principe fondamental de chaque religion — l'égalité des hommes entre eux — est à un tel point méconnu, délaissé et encombré par les dogmes ineptes de la religion professée ; et dans la science cette même inégalité – sous l'aspect de la lutte pour l'existence et de la survivance du mieux doué (The fittest) — est à un tel point reconnue comme une nécessité de la vie, que la destruction de millions de vies humaines pour la commodité de la minorité dominante, est considérée comme un phénomène des plus ordinaires et nécessaires de la vie, et se produit constamment.

Les hommes de notre temps ne peuvent assez se

réjouir des succès brillants, inouïs, énormes, obtenus par la technique au dix neuvième siècle.

Sans aucun doute, jamais dans l'Histoire, il n'y eut un tel succès matériel, c'est-à-dire un accaparement des forces de la nature, comparable à celui qui a été obtenu au dix-neuvième siècle, mais nul doute aussi que jamais dans l'Histoire il n'y eut l'exemple d'une telle vie immorale, libre de toutes les forces bridant les aspirations bestiales de l'homme, dont vit maintenant, en s'abrutissant de plus en plus, l'humanité chrétienne. Le succès matériel qu'ont atteint les hommes au dix-neuvième siècle est vraiment grand, mais il est acheté et s'achète par une négligence des obligations les plus élémentaires de la morale, négligence que l'humanité n'avait encore jamais atteinte, pas même au temps des Tchinguiss-Khan, des Attila, des Néron.

Sans aucun doute, les cuirassés, les chemins de fer, l'imprimerie, les tunnels, le phonographe, les rayons Rœntgen, etc., sont excellents. Tout cela est très bon, mais aussi sont très bonnes, incomparablement bonnes, comme disait Ruskin, les vies humaines qui, maintenant, sans merci, se perdent par millions pour la construction des cuirassés, des chemins de fer, des tunnels, qui non seulement n'ornent pas la vie, mais la gâtent.

On objecte ordinairement à cela, qu'on a in

venté et que dans l'avenir seront inventés des procédés, grâce auxquels les vies humaines ne seront pas exposées comme maintenant. Mais ce n'est pas vrai. Si les hommes ne considèrent pas tous les hommes comme leurs frères, alors les vies humaines ne peuvent être considérées comme l'objet le plus sacré qui, non seulement ne peut être violé, mais que nous avons l'obligation principale, immédiate, de soutenir. C'est-à-dire, que si les hommes ne se rapportent pas religieusement les uns envers les autres, toujours, pour leur avantage personnel, ils sacrifieront des vies humaines. Il n'y aura pas de sot qui consente à dépenser des milliers de francs, s'il peut atteindre le même but en dépensant une centaine de francs avec, en plus, quelques vies humaines qui se trouvent en son pouvoir. A Chicago, les chemins de fer écrasent annuellement le même nombre d'hommes, et les propriétaires des chemins de fer, tout à fait rationnellement, ne prennent pas les mesures avec lesquelles il y aurait moins d'accidents, en calculant que les sommes payées annuellement aux victimes et à leurs familles sont moindres que l'intérêt du capital nécessaire pour cette accommodation.

Il est très possible que les hommes qui sacrifient des vies humaines pour leur avantage soient dénoncés par l'opinion publique, ou forcés de faire des transformations. Mais si les hommes ne sont pas religieux et agissent en vue des hommes et non pour Dieu, alors, en faisant dans un endroit les transformations qui sauvegardent les vies humaines, ailleurs, de nouveau, ils profiteront des vies humaines comme du matériel le plus avantageux pour gagner de l'argent.

C'est très facile de conquérir la nature et de construire des chemins de fer, des bateaux, des musées, etc., si l'on ne compte pas avec les vies humaines. Les rois d'Egypte étaient fiers de leurs pyramides que nous aussi nous admirons, en oubliant les milliers de vies des esclaves, dépensées à ces constructions. De même nous admirons nos palais aux expositions, nos cuirassés, nos câbles océaniques, en oubliant ce que nous payons pour eux. Nous ne pourrions être fiers de toutes ces choses que si elles étaient faites librement par des hommes libres et non par des esclaves.

Les peuples chrétiens ont conquis et soumis des Indiens d'Amérique, des Indous, des Africains, et maintenant ils conquièrent et soumettent les Chinois, et en sont fiers. Mais ces conquêtes et accaparements proviennent, non de ce que les peuples chrétiens sont spirituellement supérieurs aux peuples conquis, mais au contraire de ce qu'ils sont, moralement, de beaucoup inférieurs à eux. Sans parler des Indous et des Chinois, mais chez les Zoulous, existaient et existent des règles religieuses obligatoires qui prescrivent certains actes et en défendent d'autres, et chez nous, peuples chrétiens, il n'y a aucune règle. Rome a conquis le monde précisément quand il est devenu libre de toute religion. C'est, — mais au plus haut degré, — ce qui ce passe maintenant avec les peuples chrétiens. Tous se trouvent dans la même condition : le manque de religion, et c'est pourquoi, malgré leur désaccord intérieur, sont-ils tous unis en une bande fédérative de brigands pour qui le vol, le pillage, la débauche, l'assassinat isolé et en masses, se commettent non seulement sans le moindre remords de conscience, mais avec la plus grande satisfaction, comme on l'a vu dernièrement en Chine. Les uns ne croient en rien et en sont fiers. Les autres feignent de croire en ce qui leur est avantageux et, sous l'aspect de la foi, l'inspirent au peuple. Et les troisièmes, une énorme majorité — tout le peuple — acceptent pour la foi cette suggestion sous laquelle ils se trouvent, et, servilement, obéissent à tout ce que demandent d'eux leurs inspirateurs dominants qui ne croient en rien.

Et ces inspirateurs demandent ce que demandent tous les Nérons qui tâchent de remplir par quelque chose le vide de leur vie. Ils demandent la satisfaction de leur luxe fou, qui grandit de toutes parts. Or le luxe ne s'acquiert par rien d'autre que par l'asservissement des hommes. Aussitôt l'asservissement accompli, le luxe augmente et l'augmentation du luxe inévitablement accélère l'asservissement, parce que seuls des hommes souffrant de la faim, du froid, de la misère peuvent faire toute leur vie, ce dont ils n'ont nul besoin et qui ne sert qu'au plaisir de ceux qui dominent.

IX

Dans le chapitre VI du livre de la Genèse, se trouve un passage très profond où l'écrivain de la Bible dit que Dieu, avant le déluge, voyant que son esprit, donné aux hommes pour que ceux-ci le servissent, était employé par les hommes au service de leur chair, fut si irrité contre eux qu'il se repentit de les avoir créés, et qu'avant d'anéantir tout à fait les hommes, il abrégea leur vie qu'il limita à cent vingt ans. Eh bien, l'acte, qui d'après la Bible, suscita la colère de Dieu contre les hommes et fit qu'il abrégea leur vie, est précisément celui que font maintenant les hommes de notre monde chrétien.

La raison est cette force des hommes qui définit

leurs rapports envers le monde, et puisque les rapports sont les mêmes pour tous les hommes, l'établissement de ce rapport, c'est-à-dire la religion, unit les hommes. Et l'union des hommes leur donne le bien supérieur, corporel et spirituel, qui leur est accessible.

L'union complète — dans la raison supérieure — et par cela même le bien complet, c'est l'idéal auquel aspire l'humanité. Mais chaque religion qui donne aux hommes d'une certaine société la même réponse à leurs questions : « Qu'est-ce que le monde, et que sont les hommes dans ce monde ? » unit les hommes entre eux, et par suite les rapproche de la réalisation du bien. Quand la raison, s'écartant de l'activité qui lui est propre — l'établissement de son rapport envers Dieu et de l'activité correspondant à ce rapport — s'adonne non seulement au service de la chair, non seulement à la lutte méchante contre les hommes et les autres êtres, mais aussi à justifier une vie mauvaise contraire aux attributs et à la destination de l'homme, alors adviennent ces maux dont souffre maintenant la majorité des hommes, et alors arrive un état dans lequel le retour à la vie intelligente et bonne devient presqu'impossible. Les païens unis entre eux par la doctrine religieuse la plus grossière, sont beaucoup plus près de la conscience de la vérité que les soi-disant peuples chrétiens de notre temps qui vivent sans aucune religion, et parmi lesquels les hommes les plus avancés sont convaincus et inspirent aux autres qu'il n'est pas besoin de religion et qu'il est mieux de vivre sans aucune religion.

Parmi les païens peuvent se trouver des hommes qui, devant le désaccord grandissant de leur foi avec leur savoir et avec les exigences de leur raison, élaboreront ou adopteront une doctrine religieuse plus conforme à l'état d'âme du peuple, et à laquelle se rallieront ses compatriotes et ses coreligionnaires. Mais les hommes de notre monde, parmi lesquels les uns considèrent la religion comme une arme de domination sur les hommes, les autres comme une bêtise, tandis que les troisièmes, — l'énorme majorité du peuple —, sous l'influence de la suggestion de la tromperie, pensent posséder la vraie religion, deviennent imperméables pour chaque mouvement en avant et pour l'approche de la vérité.

Fiers de leurs perfectionnements concernant la vie corporelle et de leurs raisonnements raffinés, oisifs dont le but est de prouver non seulement qu'ils ont raison, mais qu'ils sont supérieurs à tous les peuples de tous les siècles de l'Histoire, ils s'engourdissent dans leur ignorance et leur immoralité, et ont l'entière certitude d'être à une hauteur que jamais avant eux n'atteignit l'humanité, et croient que chacun de leurs pas en avant dans la voie de l'ignorance et de l'immoralité, les soulève à une hauteur encore plus grande de l'éclairement et du progrès.

X

L'homme a en propre la faculté d'établir l'accord entre son activité corporelle — physique — et son activité raisonnable, — spirituelle. L'homme ne peut être tranquille jusqu'à ce que de telle ou telle façon il n'établisse cet accord. Cet accord s'établit par deux moyens. L'un, quand l'homme décide par la raison la nécessité ou le degré qu'il y a lieu de donner au désir de certains actes, et ensuite agit conformément aux décisions de sa raison ; pour l'autre moyen, l'homme agit sous l'influence du sentiment et ensuite invente une explication spirituelle de ses actes ou de leur justification.

Le premier moyen d'accorder les actes avec la raison est propre aux hommes qui professent une religion et qui, en se basant sur ses principes savent quels actes ils doivent accomplir et quels actes ils ne doivent pas accomplir. Le deuxième moyen est propre principalement aux hommes irréligieux qui n'ont pas de base générale pour définir la valeur de leurs actes et qui, par cela, établissent toujours l'accord entre leur raison et leurs actes non en soumettant ces actes à la raison, mais commettant un acte sous l'influence du sentiment, en employant ensuite la raison à la justification de leurs actes.

Un homme religieux qui sait ce qui, dans ses actes et ceux des autres hommes, est bon ou mauvais, et pourquoi l'un est bon et l'autre mauvais, s'il voit la contradiction entre les exigences de la raison et ses actes ou ceux des autres hommes, emploie alors tous les efforts de sa raison pour trouver le moyen de faire disparaître cette contradiction, c'est-à-dire qu'il cherche le meilleur moyen de faire accorder ses actes avec les exigences de la raison. Et un homme irréligieux, qui n'a pas de guide pour définir la valeur des actes indépendamment de l'agrément qu'ils donnent, en se laissant entraîner par ses sentiments les plus divers et souvent opposés, tombe involontairement dans la contradiction, et cela fait, il tâche de résoudre ou de cacher cette contradiction par des raisonnements plus ou moins compliqués et intelligents, mais toujours mensongers.

C'est pourquoi, tandis que les raisonnements des hommes religieux sont toujours simples, clairs et véridiques, l'activité intellectuelle des hommes irréligieux est particulièrement habile, compliquée et mensongère.

Je prendrai l'exemple le plus ordinaire. Un homme s'adonne à la débauche, c'est-à-dire qu'il n'est pas chaste. Il trompe sa femme, où s'il n'est pas marié il vit en débauché. Si c'est un homme religieux, il sait qu'il agit mal et toute l'activité de sa raison sera dirigée pour trouver le moyen de s'affranchir de son vice, pour ne pas avoir de liaisons avec les fornicateurs et les fornicatrices, pour travailler davantage, pour s'astreindre à une vie sévère, pour ne se pas permettre de regarder les femmes comme un objet de luxure, etc., et tout cela est très simple et tous peuvent le comprendre. Mais si l'homme débauché n'est pas religieux, il commence immédiatement à inventer des explications de toutes sortes pour prouver que c'est très bien d'aimer les femmes. Et ici commencent des considérations de toutes sortes, les plus compliquées, les plus rusées, les plus spécieuses sur l'union des âmes, sur la beauté, sur a liberté de l'amour, etc., qui ne font qu'embrouiller les choses et cacher ce qui est nécessaire.

Il en est de même, pour les hommes irréligieux dans tous les domaines de l'activité et de la pensée. Pour cacher les contradictions intérieures, on accumule les raisonnements compliqués, raffinés qui, en remplissant l'esprit d'un galimatias tout à fait inutile, écartent l'attention des hommes de l'important et de l'essentiel et donne aux hommes de notre monde, la possibilité de s'endurcir dans le mensonge où ils vivent sans s'en apercevoir.

« Les hommes ont mieux aimé les ténèbres que la lumière parce que leurs œuvres étaient mauvaises, » est-il dit dans l'évangile. « Car quiconque fait le mal hait la lumière et ne vient point à la lumière de peur que ses œuvres ne soient reprises. »

C'est pourquoi les hommes de notre monde, se faisant à cause de l'absence de religion, la vie la plus cruelle, la plus bestiale, la plus immorale, ont amené pour cacher le mal de cette vie, l'activité compliquée, raffinée, oisive de l'esprit, jusqu'à un tel degré de complication et d'embrouillement inutiles que la majorité des hommes a perdu tout à fait la capacité de voir la différence entre le bien et le mal, entre le mensonge et la vérité.

Pour les hommes de notre monde il n'existe pas de question qu'ils puissent aborder tout droit et simplement. Toutes les questions — économiques, d'ordre social, de politique intérieure et extérieure, diplomatiques, scientifiques, sans parler déjà des questions philosophiques et religieuses, — sont posées si artificiellement et irrégulièrement, et à cause de cela sont enveloppées d'un voile si épais de raisonnements compliqués, inutiles, de défigurations raffinées des conceptions et des mots, de sophismes, de discussions que tous les raisonnements sur de telles questions tournent dans le même cercle, n'aboutissent à rien, et comme des rouages sans courroie de transmission, n'amènent à rien, sauf au seul but en vue duquel ils sont faits : c'est-à-dire à cacher à soi-même et aux autres le mal dans lequel ils vivent et qu'ils commettent.

XI

Dans tous les domaines de la prétendue science contemporaine existe un trait commun qui rend stériles tous les efforts de l'esprit humain dirigés vers les recherches dans les divers domaines de la science. Ce trait consiste en ceci : que toutes les recherches de la science contemporaine passent devant la question la plus essentielle à laquelle il faudrait répondre, s'occupent de circonstances collatérales dont l'étude n'amène à rien, et s'obscurcissent d'autant plus qu'elles se continuent plus loin. Et il n'en saurait être autrement avec la science qui choisit les sujets d'étude au hasard et non d'après les exigences de la conception religieuse qui définit ce qu'il faut étudier et pourquoi il le faut, puis ce qu'il faut étudier d'abord et ce qu'il faut étudier ensuite. Ainsi, par exemple, dans les questions, maintenant à la mode, de sociologie ou d'économie politique, il semblerait qu'une seule question dût se poser : par quelle cause et pourquoi certains hommes ne font-ils rien, tandis que d'autres hommes travaillent pour eux ? (S'il y a une autre question : pourquoi les hommes travaillent-ils séparément en se nuisant l'un l'autre et non ensemble en communauté, ce qui serait plus avantageux ? cette question est incluse dans la première. Si l'inégalité n'existait pas, il n'y aurait pas non plus de lutte.) Mais la science ne pense pas même à poser cette question et à y répondre, mais commence ses raisonnements de loin et les conduit de telle façon qu'en aucun cas ses conclusions ne peuvent ni résoudre, ni aider à la résolution de cette question fondamentale. On commence par raisonner sur ce qui était, sur ce qui est, et ce passé et ce présent sont considérés comme quelque chose d'aussi inébranlable que la marche des astres, et on invente des conceptions abstraites : de la valeur du capital, du gain, de l'usure, et alors apparaît le jeu compliqué des esprits des hommes qui discutent entre eux, et ce jeu continue depuis déjà cent ans. Et en réalité, la question se résout très facilement et très simplement.

La solution est dans ceci : puisque tous les hommes sont frères et égaux entre eux, alors chacun doit agir envers les autres comme il veut que les autres agissent envers lui, et c'est pourquoi toute la question est dans la destruction de la loi religieuse mensongère et dans l'établissement de la vraie loi.

Mais les hommes avancés du monde chrétien non seulement n'acceptent pas cette solution mais au contraire s'efforcent de cacher aux hommes sa possibilité et pour cela se livrent à des dissertations stériles qu'ils appellent la science.

La même chose se passe dans le domaine judiciaire. Il semblerait qu'il n'y ait qu'une question essentielle : pourquoi y a-t-il des hommes qui se permettent de commettre des violences envers d'autres hommes, de les piller, de les emprisonner, de les punir, de les envoyer à la guerre, etc. ? La résolution de cette question est bien simple, si on la considère du seul point de vue qui convienne, du point de vue religieux. Du point de vue religieux, l'homme ne peut ni ne doit commettre de violences envers son prochain. C'est pourquoi, pour résoudre cette question, il ne faut qu'une chose : détruire toutes les superstitions et les sophismes qui permettent la violence, et inspirer nettement aux hommes des principes religieux qui en excluent la possibilité.

Mais les hommes avancés non seulement ne font pas cela, mais emploient toute la ruse de leur esprit à cacher aux hommes la possibilité et la nécessité de cette solution. Ils écrivent des montagnes de livres sur divers droits — civil, criminel, policier, religieux, financier, etc — et composent et discutent des thèses, tout à fait convaincus, qu'il font une œuvre et très utile et très importante. Mais non seulement ils ne répondent pas à la question : pourquoi des hommes égaux par nature, peuvent-ils juger, contraindre, voler, supplicier les autres? mais ils ne reconnaissent même pas son existence. De leur doctrine, il résulte que ce ne sont pas les hommes, mais quelque chose d'abstrait, appelé l'État, qui commet ces violences.

De la même façon les savants de notre temps passent devant des questions essentielles ou les taisent et cachent des contradictions intérieures dans tous les domaines de la science. Dans la science historique la question essentielle est celle-ci : comment vécut le peuple travailleur, c'est-à-dire les 0,999 de toute l'humanité ? Et il n'existe à cette question pas même un semblant de réponse. Même cette question n'existe pas. Les historiens d'une certaine école écrivent des montagnes de livres sur le mal de ventre de Louis XI, sur les dépravations d'Élisabeth d'Angleterre et d'Ivan IV ; enseignent quels vers et quelles comédies écrivirent les littérateurs pour l'anniversaire des rois, de leurs maîtresses et de leurs ministres. Les historiens d'une autre école décrivent les pays habités par les peuples, ce qu'ils mangeaient, quels commerces ils faisaient, quels vêtements ils portaient, en général tout ce qui ne pouvait avoir d'influence sur la vie du peuple mais qui était la conséquence de sa religion et qui est reconnu par cette catégorie d'historiens comme la conséquence de la nourriture et des vêtements en usage chez les peuples.

Et cependant, seule la reconnaissance de la religion comme d'une condition nécessaire de la vie du peuple, peut donner la réponse à la question : comment vivait autrefois le peuple travailleur? et c'est pourquoi la réponse se trouve dans l'étude des religions que les peuples professaient et qui les mirent dans la situation où ils se trouvent.

Il semblerait que dans les sciences naturelles, il n'y ait nul besoin d'obscurcir le bon sens des hommes, mais, grâce à cet ordre d'idées, adaptées par la science contemporaine, même ici, au lieu des réponses les plus simples à la question : qu'est-ce que le monde des êtres vivants, des plantes, des animaux, et comment se divise-t-il ? on fait un bavardage oisif, vague, tout à fait inutile, dirigé principalement contre l'histoire biblique de la création du monde. On raconte comment sont nés les organismes, ce qui, à proprement dire, n'est nécessaire à personne et est impossible à savoir puisque, de quelque façon que nous nous expliquions cette genèse, elle disparaîtra toujours dans le temps et l'espace infinis. Et sur ces sujets, sont inventés des théories, des objections et des suppléments à ces théories, dont l'ensemble forme des millions de livres et dont la conclusion inattendue est celle que la loi de la vie à laquelle doit se soumettre l'homme, c'est la lutte pour l'existence.

C'est peu, même les sciences appliquées, comme le technologie, la médecine, à cause de l'absence de principes religieux pour guide, s'écartent involontairement de leur destination raisonnable et reçoivent une direction mensongère. Ainsi toute la technologie est dirigée non pas vers l'allègement du travail du peuple, mais vers les perfectionnements nécessaires seulement aux classes riches et qui éloignent encore plus les riches des pauvres, les maîtres des esclaves. Et si quelques miettes des avantages de ces inventions et perfectionnements arrivent jusqu'aux masses populaires, ce n'est pas du tout parce qu'ils sont destinés au peuple, c'est seulement parce que, par leur nature, ils ne peuvent être gardés du peuple.

Il en va de même avec la science médicale qui, dans sa voie mensongère, est arrivée à un tel point qu'elle n'est accessible qu'à la classe riche ; et les masses populaires à cause de leurs moyens de vie, de la pauvreté, de la négligence envers les questions principales de l'amélioration de la vie, en profitent en telle mesure et dans telles conditions que l'aide qu'elles en reçoivent ne fait que montrer plus clairement combien la science médicale est éloignée de sa destination.

Mais le plus étonnant, c'est l'écart des questions fondamentales et leur dénaturation dans ce qu'on appelle maintenant la philosophie. Il semblerait que la philosophie n'ait à résoudre qu'une question : que dois-je faire ?

Si, chez les philosophes des peuples chrétiens, on trouve des réponses, bien que mêlées d'explications embrouillées, inutiles, comme par exemple, chez Spinosa, chez Kant, dans sa critique de la raison pratique, chez Schopenhauer, et surtout chez Rousseau, cependant ces réponses existent. Mais dans les derniers temps, depuis Hegel qui reconnaît que « ce qui est réel est rationnel », la question : que dois-je faire ? est passée au second plan, et la philosophie s'attache tout entière à l'étude de ce qui est, et à son accord avec les théories faites d'avance. C'est le premier degré descendant. Le deuxième degré inférieur de la pensée humaine, c'est la reconnaissance, comme loi fondamentale, de la lutte pour l'existence par la seule raison qu'on peut observer cette lutte parmi les animaux et parmi les plantes. Selon cette théorie, la perte des plus faibles est une loi à laquelle il ne faut pas mettre obstacle. Enfin, arrive le troisième degré ; l'originalité enfantine du demi-fou Niestche qui n'a même pas d'unité, les esquisses des pensées immorales, sans fondement, sont reconnues par les hommes avancés comme le dernier mot de la science philosophique. Dans la réponse à la question : que dois-je faire ? on dit déjà tout nettement : vivre pour son plaisir sans faire attention à la vie des autres hommes.

Si quelqu'un doutait du terrible étourdissement, de l'abrutissement, atteints de notre temps par l'humanité chrétienne, sans parler déjà des derniers crimes commis au Transvaal et en Chine, défendus par le clergé et tenus pour des actes héroïques par les hommes tout-puissants du monde, rien que le succès extraordinaire des œuvres de Niestche en serait une preuve indiscutable. Paraissent des écrits sans lien, visant à l'effet de la façon la plus banale, les écrits d'un allemand possédé de la manie des grandeurs, hardi mais très borné et anormal. Ni par le talent, ni par le fond, ces écrits n'ont aucun droit à l'attention du public ; non seulement du temps de Kant, de Leibnitz, de Hume, mais même il y a cinquante ans de tels écrits non seulement n'auraient pas attiré l'attention, mais même n'auraient pu paraître, et de nos jours, toute l'humanité soi-disant instruite admire le délire de M. Niestche, le discute, l'explique et ses œuvres s'insèrent en toutes langues en un très grand nombre d'exemplaires.

Tourgueniev disait très spirituellement qu'il y a des lieux communs inverses souvent employés par des hommes incapables qui désirent attirer à eux l'attention. Tous savent, par exemple, que l'eau mouille, et tout d'un coup, l'homme dit, d'un air sérieux, que l'eau assèche — pas la glace — mais que l'eau assèche. Et cette affirmation prononcée avec éclat attire l'attention.

De même, tout le monde sait que la vertu consiste dans la restriction des passions et l'abnégation de soi-même. Non seulement le Christianisme, contre lequel Nietsche s'imaginait lutter, sait cela, mais c'est une loi éternelle, supérieure, atteinte par toute l'humanité, par le Brahmanisme, le Bouddhisme, le Confucianisme, l'antique religion persane. Et tout d'un coup, paraît un homme qui se déclare convaincu que l'abnégation de soi-même, la douceur, l'humilité, l'amour, sont des vices qui perdent l'humanité. (Il a en vue le Christianisme en oubliant toutes les autres religions.) On comprend très facilement qu'une telle affirmation frappe au premier moment. Mais en réfléchissant un peu, et en ne trouvant dans l'ouvrage aucune preuve de cette affirmation étrange, tout homme raisonnable doit rejeter un livre pareil et s'étonner que dans notre temps une telle bêtise puisse trouver un éditeur. Mais avec les livres de Nietsche il n'en est pas ainsi. La majorité des hommes soi-disant éclairés discutent sérieusement la théorie de la surhumanité et reconnaissent son auteur comme le plus grand philosophe, l'héritier de Descartes, de Leibnitz et de Kant.

Et tout cela provient de ce que pour la majorité des hommes soi-disant éclairés de notre temps, le rappel de la vertu, de sa base fondamentale, l'abnégation de soi-même, de l'amour, qui gêne et condamne leur vie bestiale, est désagréable, et qu'ils ont du plaisir à rencontrer cette doctrine de l'égoïsme, de la cruaute, de l'édification de sa gloire et de son bonheur aux dépens de la vie des autres hommes, cette doctrine selon laquelle ils vivent, bien qu'elle soit exprimée tant bien que mal, sans ordre et sans lien.

XII

Le Christ reprochait aux Pharisiens et aux Docteurs d'avoir pris les clefs du royaume du Ciel et n'y entrant pas eux-mêmes, de n'y pas laisser entrer les autres.

Les savants de notre temps font la même chose. Ces hommes, en notre temps, ont pris les clefs — non pas du royaume de Dieu — mais de l'instruction, et n'entrent pas eux-mêmes et ne laissent pas entrer les autres. Les prêtres, le clergé, par des tromperies de toutes sortes et par l'hypnose, ont inspiré aux hommes que le Christianisme n'est pas une doctrine enseignant l'égalité de tous les hommes et qui, par cela, détruit tout l'état actuel païen de la vie, mais qui, au contraire, soutient cet état, prescrit de distinguer les hommes comme les étoiles ; ils prescrivent de reconnaître que tout pouvoir vient de Dieu et qu'il faut s'y soumettre sans objection, ils suggèrent en général aux hommes opprimés, que leur situation vient de Dieu, et qu'ils doivent la supporter avec douceur et résignation et se soumettre à leurs oppresseurs qui non seulement ne peuvent être doux et humbles, mais sont obligés, en corrigeant les autres, d'apprendre à punir —

comme les empereurs, rois, papes, archevêques et autorités de toutes sortes, laïques et ecclésiastiques, — et de vivre dans la splendeur et le luxe que leurs sujets sont obligés de leur fournir. Et les classes dominantes, grâce à cette doctrine mensongère qu'ils soutiennent de toutes leurs forces, dominent le peuple en le forçant à servir à leur oisiveté, à leur luxe, à leurs vices. Et d'autre part les seuls hommes — les savants, — qui, affranchis de l'hypnose, pourraient en délivrer le peuple et qui disent le désirer, au lieu de faire ce qui pourrait aider à atteindre ce but, font tout à fait le contraire, en s'imaginant qu'ainsi ils servent le peuple.

Il semblerait que ces hommes, par l'observation la plus superficielle de ce dont se soucient principalement ceux qui tiennent le peuple en leur pouvoir, dussent comprendre par quoi avancent les peuples et par quoi ils s'immobilisent dans une certaine situation, et concentrer toutes leurs forces sur ce moteur. Mais ils ne font pas cela et de plus le considèrent comme tout à fait inutile.

On dirait que ces hommes ne veulent pas voir et en faisant pour le peuple, soigneusement, souvent sincèrement les œuvres les plus diverses, ils ne font pas la seule chose qui soit surtout nécessaire au peuple, et leur activité est semblable à celle de l'homme qui tâcherait de pousser un train par ses efforts musculaires, au lieu de monter sur le tender et de faire ce qu'il a vu faire bien des fois au mécanicien : pousser le robinet qui laisse entrer la vapeur dans le piston. Cette vapeur c'est la conception religieuse des hommes, et ils n'ont qu'à regarder avec quel soin jaloux tous les potentats gardent ce moteur — grâce auquel ils dominent les peuples, — pour comprendre de quel côté ils doivent diriger leurs efforts afin de délivrer le peuple de son asservissement.

Qu'est-ce que le sultan surveille le plus? et à quoi tient-il? Pourquoi l'empereur russe, quand il vient dans une ville, va-t-il tout d'abord baiser les reliques et les icônes? Pourquoi, malgré tout le vernis de la civilisation qu'il se donne, l'empereur allemand, dans tous ses discours, à propos ou mal à propos, parle-t-il de Dieu, du Christ, de la sainteté de la religion, du serment, etc.? Parce que tous savent que leur pouvoir repose sur l'armée et que la possibilité de l'existence de l'armée a la religion pour base. Et si des hommes riches sont particulièrement pieux, feignent de croire, vont à l'église observent le dimanche, ils font tout cela, principalement parce que l'instinct de conservation leur dit que leur situation exclusivement avantageuse dans la société est liée avec la religion qu'ils professent. Souvent tous ces hommes ne savent pas que leur pouvoir se maintient par la tromperie religieuse, mais par l'instinct de conservation, ils savent où est le point faible de ce qui soutient leur situation, et tout d'abord ils défendent ce point.

Ces hommes admettent toujours, en certaines limites, la propagande socialiste et même révolutionnaire, mais ils ne permettent jamais de toucher aux bases religieuses.

C'est pourquoi, si les hommes avancés de notre temps, — des savants, des libéraux, des socialistes, des révolutionnaires, des anarchistes, — ne peuvent saisir par l'histoire et la psychologie ce qui fait mouvoir les peuples, alors par cette expérience évidente, ils pourraient se convaincre que le moteur n'est pas dans les conditions matérielles, mais seulement dans la religion.

Mais, chose étonnante, des savants, des hommes avancés de notre temps qui discutent très finement et comprennent les conditions de la vie des peuples ne voient pas ce qui saute aux yeux par son évidence. Si les hommes qui agissent ainsi laissent sciemment le peuple dans son ignorance religieuse pour garder leur situation avantageuse parmi la minorité, alors c'est une tromperie horrible, écœurante. Les hommes qui agissent ainsi sont ces mêmes hypocrites que le Christ blâmait le plus parmi tous les hommes, et même les seuls que le Christ blâmât. Il les blâmait parce que nul monstre, nul malfaiteur ne produisit et ne produit tant de mal dans la vie de l'humanité, que ces hommes.

Si ces hommes sont francs, alors la seule explication de cet obscurcissement étrange, c'est que, de même que les masses se trouvent sous la suggestion de la religion mensongère, de même les hommes soi-disant éclairés de notre temps se trouvent sous la suggestion de la science mensongère qui a décidé que le moteur principal par lequel l'humanité vivait et vit, ne lui est plus nécessaire et peut être remplacé par autre chose.

XIII

Dans cette erreur ou dans cette astuce des Docteurs — des hommes instruits de maintenant — est la particularité de notre temps, la cause de l'état malheureux dans lequel vit l'humanité chrétienne, et de cet abrutissement où elle se plonge de plus en plus.

Ordinairement des hommes avancés, instruits de notre monde, affirment que les croyances religieuses mensongères professées par les masses ne présentent pas d'importance particulière et qu'il n'y a pas lieu de lutter contre elles, comme l'ont fait autrefois Hume, Voltaire, Rousseau et les autres.

La science, ces connaissances éparses, qu'ils répandent dans le peuple, selon eux, atteindra elle-même ce but, c'est-à-dire que l'homme, quand il saura combien de millions de kilomètres il y a entre la terre et le soleil, et quels métaux se trouvent sur le soleil et sur les astres, cessera de croire aux dogmes de l'Église.

Dans cette affirmation ou supposition, franche ou non, il y a une grande erreur ou une effroyable astuce. Depuis la plus tendre enfance, l'âge le plus accessible à la suggestion, et où précisément le précepteur doit être le plus prudent dans ce qu'il enseigne à l'enfant, on lui suggère les dogmes ineptes, immoraux, incompatibles avec la raison et la science, de la religion soi-disant chrétienne. On apprend à l'enfant le dogme de la Trinité, que le bon sens ne peut concevoir; on lui apprend la venue sur la terre pour la rédemption du genre humain d'un de ces trois Dieu, et son ascension au ciel. On lui apprend qu'il faut attendre la deuxième venue et qu'il sera puni des tourments éternels s'il ne croit pas en ces dogmes; on lui apprend à prier Dieu pour la réalisation de ses besoins et de beaucoup d'autres choses. Et quand tous ces principes qui ne concordent ni avec la raison, ni avec la science contemporaine, ni avec la conscience humaine sont ancrés profondément dans l'esprit impressionnable de l'enfant, on le laisse seul en lui donnant à démêler ces contradictions qui découlent des dogmes reçus et adoptés par lui comme une vérité indiscutable. Personne ne lui dit comment il peut et doit concilier ces contradictions, et si les théologiens essayent de les concilier, ils ne font que les embrouiller davantage. Peu à peu, l'homme s'habitue à penser (ce en quoi les théologiens le soutiennent fort) qu'on ne peut pas croire à la raison, que dans le monde tout est possible, et que dans l'homme il n'y a rien qui lui permette de distinguer le bien du mal, le mensonge de la vérité ; que dans les choses les plus importantes pour lui — dans ses actes — il doit se guider non par sa raison, mais par ce que lui diront les autres. Il est facile de comprendre quelle défiguration terrible doit produire sur l'esprit de l'homme une pareille éducation soutenue même dans l'âge mûr par tous ces moyens de suggestion qui, perpétuellement, avec l'aide du clergé, sont employés sur le peuple.

Et si un homme d'esprit fort, avec de grandes difficultés et souffrances, s'affranchit de cette hypnose dans laquelle on l'a élevé dans l'enfance et tenu dans l'âge mûr, alors cette défiguration de son âme, avec laquelle lui a été inspirée la méfiance envers sa raison, ne peut disparaître sans laisser de traces, de même que dans l'être physique l'empoisonnement de l'organisme par un poison violent ne peut se passer sans laisser de trace. En se délivrant de l'hypnose, de la tromperie, un homme pareil, qui hait le mensonge dont il vient de se délivrer, adoptera naturellement la doctrine des hommes avancés, doctrine selon laquelle chaque religion est considérée comme l'obstacle principal de la marche de l'humanité dans la voie du progrès. Et en adoptant cette doctrine, un tel homme deviendra comme ses maîtres un homme sans principes, c'est-à-dire sans conscience, qui n'a dans la vie d'autre guide que ses passions et qui non seulement ne se condamne pas pour cela mais au contraire se considère comme arrivé au point culminant du développement spirituel accessible à l'homme.

Ce sera ainsi avec les hommes forts d'esprit. Et les hommes moins forts d'esprit, même si le doute s'éveille en eux, ne se délivreront jamais complètement de la tromperie dans laquelle ils ont été élevés, et, s'associant aux diverses théories vagues, construites habilement pour justifier l'ineptie des dogmes acceptés, ou inventant des théories pareilles et vivant dans le domaine du doute, du brouillard, du sophisme, de la tromperie de soi-même, ils aideront seulement à l'aveuglement des masses et empêcheront leur éveil.

Tant qu'à la majorité des hommes qui n'ont ni la force, ni la possibilité de lutter contre la suggestion qu'on leur impose, ils vivront et mourront par générations, comme ils vivent maintenant, privés du bien suprême de l'homme, de la vraie conception religieuse de la vie, et ne seront toujours que les armes dociles des classes dominantes qui les trompent.

Et les hommes avancés, savants, disent de cette terrible tromperie qu'elle n'est pas importante et qu'il n'est pas nécessaire de l'attaquer directement. La seule explication de telles affirmations, si ceux qui affirment sont sincères, c'est qu'eux-mêmes se trouvent sous l'hypnose de la science mensongère ; et s'ils ne sont pas sincères, l'explication sera que l'attaque contre les croyances établies n'est pas avantageuse et peut être dangereuse. De telle ou telle façon, en tout cas, l'affirmation que la profession d'une religion mensongère n'est pas nuisible ou du moins qu'elle est sans importance et qu'ainsi on peut répandre l'instruction sans détruire la tromperie religieuse, est absolument injuste.

L'humanité ne peut s'affranchir de ses maux qu'en se sortant de cette hypnose dans laquelle la tiennent les prêtres et de celle dans laquelle l'induisent les savants. Pour verser quelque chose dans un vase, il faut tout d'abord le débarrasser de ce qu'il contient, de même il est nécessaire de délivrer les hommes de la tromperie dans laquelle on les tient pour qu'ils puissent adopter la vraie religion, c'est-à-dire le rapport régulier, correspondant au développement de l'humanité envers le commencement de tout, envers Dieu, et le guide de l'activité tirée de ce rapport.

XIV

« Mais y a-t-il une vraie religion? Les religions sont infiniment variées, et nous n'avons pas le droit d'en qualifier une de vraie, parce qu'elle convient le mieux à nos goûts, » diront des hommes qui considèrent les religions par leurs formes extérieures, comme une certaine maladie dont ils sont épargnés mais dont souffrent encore les autres hommes. Mais ce n'est pas vrai : les religions sont diverses par leurs formes extérieures, mais ont toutes les mêmes bases principales. Et ces bases principales de toutes les religions forment la vraie religion qui seule, en notre temps, est accessible à tous les hommes, et dont l'acceptation peut sauver les hommes de leurs maux.

L'humanité vit depuis longtemps, et de même qu'à titre de succession elle a élaboré ses acquisitions pratiques, de même elle ne pouvait pas ne pas élaborer les principes spirituels qui forment la base de sa vie, et les règles de conduite qui en découlent. Ce fait que les hommes aveuglés ne les voient pas ne prouvent point qu'ils n'existent pas. Telle religion, commune à tous les hommes de notre temps, — pas une religion quelconque avec ses particularités et ses altérations, mais une religion faite des principes religieux qui sont les mêmes dans toutes les religions que nous connaissons, et que professent plus des neuf dixièmes du genre humain — existe, et les hommes ne sont pas encore définitivement abrutis, parce que les meilleurs hommes de tous les peuples, bien qu'inconsciemment même, se tiennent à cette religion et la professent, et que seule la suggestion de la tromperie, qui avec l'aide des prêtres et des savants séduit les hommes, les empêche d'accepter consciemment.

Les principes de cette vraie religion sont à tel point accessibles aux hommes que ceux-ci, dès qu'ils leur sont communiqués, les acceptent comme quelque chose de connu depuis longtemps et de naturel. Pour nous, cette vraie religion c'est le christianisme dans ses principes qui concordent, non avec les formes extérieures, mais avec les propositions fondamentales du Bhramanisme, du Confucianisme, du Tsaoïsme, du Judaïsme, du Bouddhisme, et même du Mahométisme. De même pour ceux qui professent le Brahmanisme, le Confucianisme, etc., la vraie religion sera celle dont les bases fondamentales concordent avec les bases fondamentales de toutes les autres grandes religions. Et ces propositions sont très simples, compréhensibles, non compliquées.

Les voici : il y a un Dieu, origine de tout; dans l'homme, il y a une partie de cette origine divine qu'il peut diminuer ou augmenter en soi par sa vie; pour l'augmenter, l'homme doit réfréner ses passions et augmenter en soi l'amour, et le moyen pratique pour y atteindre consiste à agir envers les autres comme on veut que les autres agissent envers nous. Tous ces principes sont communs au Brahmanisme, au Judaïsme, au Confucianisme, au Tsaoïsme, au Bouddhisme, au Christianisme, au Mahométisme. (Si le Bouddhisme ne donne pas la définition de Dieu, il reconnaît quand même ce avec quoi se confond et en quoi se plonge l'homme qui atteint le Nirvâna. Ainsi, ce à quoi l'homme s'unit en se plongeant dans le Nirvâna c'est le même commencement appelé Dieu dans le Judaïsme, le Christianisme, le Mahométisme).

« Mais ce n'est pas une religion, » diront les

hommes de notre temps, qui sont habitués à accepter le surnaturel, c'est-à-dire l'insensé, comme indice principal de la religion. « C'est tout ce que vous voulez, philosophie, éthique, raisonnement, mais pas une religion ». La religion, selon leurs conceptions, doit être inepte et incompréhensible (*credo quia absurdum*). Et cependant, c'est seulement de ces même principes, ou plutôt grâce à leur propagation comme doctrine religieuse que se sont élaborées, par un long procédé de dénaturation, toutes ces inepties du miracle et des événements surnaturels qui sont considérés comme les indices principaux de chaque religion. Affirmer que le non-naturel et l'inepte sont les qualités principales de la religion, c'est la même chose que de dire, en regardant les pommes qui pourrissent, que l'amertume et la mauvaise influence sur l'estomac sont les qualités principales des pommes.

La religion, c'est la définition du rapport de l'homme envers l'origine de tout, de la destination de l'homme qui en résulte, et des règles de conduite qui découlent de cette destination. Et la religion commune, formée des principes fondamentaux de toutes les croyances, satisfait à ces exigences. Elle définit le rapport de l'homme envers Dieu, comme celui d'une partie envers l'entier, elle tire de ce rapport la destination de l'homme, qui consiste en l'augmentation en soi des attributs divins; et la destination de l'homme est de déduire les règles pratiques de la loi générale : fais aux autres ce que tu veux que les autres te fassent, etc.

Souvent les hommes doutent, et moi aussi j'en ai douté un certain temps, que pareille règle abstraite comme celle d'agir envers les autres comme on veut que les autres agissent envers soi, puisse être la règle obligatoire et le guide des actes, comme les règles les plus simples du jeûne, des prières, de la communion, etc. Mais par exemple, l'état d'âme du paysan russe qui mourra plutôt que de cracher l'hostie sur le fumier, est prêt cependant, sur l'ordre d'un homme, à tuer ses frères, cet état d'âme donne la réponse irréfutable à ce doute.

Pourquoi les exigences tirées de la règle : agis envers les autres comme tu veux que les autres agissent envers toi, — pourquoi ces exigences : ne pas tuer ses frères, ne pas les injurier, ne pas commettre l'adultère, ne pas se venger, ne pas profiter de la misère de son prochain pour satisfaire ses caprices, et beaucoup d'autres, pourquoi ne pourraient-elles pas être suggérées avec la même force et devenir aussi obligatoires et inéluctables que la foi en la sainteté de l'hostie, des icônes, etc., pour les hommes dont la foi est plutôt basée sur la confiance que sur la conscience éclairée ?

XV

Les vérités de la religion communes à tous les hommes de notre temps sont si simples, si compréhensibles, si proches au cœur de chaque homme, que, semble-t-il, il faudrait seulement que les parents, les gouvernants et les précepteurs, au lieu des doctrines mortes et ineptes de la Trinité, de la Mère de Dieu, de la Rédemption, des Indras, des Trinités, de Bouddha, et de Mahomet s'envolant aux cieux, et dans lesquelles eux-mêmes souvent ne croient pas, inspirassent aux enfants et aux adultes les vérités simples, claires de la religion commune à tous les hommes et dont l'essence métaphysique est en ceci : que dans l'homme vit l'esprit de Dieu, et dont la règle pratique est que l'homme doit agir envers les autres comme il veut qu'on agisse envers lui, et d'elle-même se modifiera toute la vie humaine. Au lieu de suggérer comme maintenant aux enfants, et de confirmer aux adultes, la foi en ce que Dieu a envoyé son fils pour racheter le péché d'Adam et qu'il a établi son Église à laquelle il faut obéir et toutes les règles qu'elle enseigne : qu'il faut prier à telle et telle heure, et dans tel ou tel endroit, faire tels sacrifices, s'abstenir de telle ou telle nourriture et de tel et tel travail à certains jours, qu'on suggère et confirme de la même façon que Dieu est un esprit dont la manifestation vit en nous et dont nous pouvons augmenter la force selon notre vie. Qu'on inspire seulement cela et tout ce qui en découle naturellement de même qu'on inspire maintenant des récits tout à fait inutiles sur les événements impossibles et les règles de coutumes insensées qui découlent de ces récits, et, au lieu de la lutte irraisonnable et désunissante, bientôt, sans l'intervention des diplomates, sans droit international, sans congrès de la Paix, sans politique économique et sociale de toutes nuances, adviendra la vie heureuse, pacifique, fraternelle et guidée par une seule religion.

Mais rien de pareil ne se fait. Non seulement on ne détruit pas les tromperies de la religion mensongère et on ne propage pas la vraie religion, mais les hommes s'écartent de plus en plus de la possibilité même d'accepter la vérité.

La cause principale pour laquelle les hommes ne font pas ce qui est naturel, nécessaire et possible, c'est que les hommes de notre temps sont tellement habitués, grâce à une longue ère sans religion, à leur vie consolidée par la violence, par les baïonnettes, par les balles, les prisons, les gibets, qu'il leur semble qu'un tel état de la vie non seulement. est normal, mais qu'il ne peut être autrement. Non seulement ceux pour qui l'ordre existant est avantageux, pensent ainsi ; mais même ceux qui souffrent de cet ordre sont si étourdis par la suggestion dont ils sont l'objet, qu'eux aussi considèrent la violence comme le seul moyen de bien-être dans la société humaine. Et cependant cette installation solide de l'ordre social par des violences, éloigne le plus les hommes de la compréhension des causes de leur souffrance, et par conséquent de la possibilité du vrai bien-être.

Il se commet quelque chose d'analogue à ce que fait un médecin ignorant ou malfaisant, en introduisant à l'intérieur l'éruption malsaine, non seulement en trompant avec cela le malade, mais en augmentant la maladie même et en rendant impossible sa cure.

Aux dominants, qui ont asservi des masses et qui pensent et disent : « après nous le déluge, » il semble très commode, avec l'aide de l'armée, du clergé, des soldats et des policiers, des menaces de baïonnettes, des balles, des prisons, des maisons de correction et des gibets, de forcer les hommes asservis à continuer de vivre dans leur étourdissement et dans leur asservissement et à ne pas empêcher ces mêmes dominants de profiter de leur situation. Et les hommes qui dominent font cela et appellent un tel ordre de choses : le bien-être, et cependant rien ne nuit davantage au vrai bien-être social. En réalité une organisation pareille non seulement n'est pas un bien-être, mais est l'établissement du mal.

Si les hommes de notre société, avec les restes des principes religieux, qui, quand même, vivent dans les masses, ne voyaient pas devant eux les crimes qui sont commis perpétuellement par les hommes qui ont pris sur eux l'obligation de garder l'ordre et la morale de la vie des hommes, — les guerres, les supplices, les prisons, les impôts sur la vente de l'alcool et de l'opium, — ils ne penseraient jamais à faire 0, 01 de ces actes mauvais, de ces tromperies, de ces violences, de ces meurtres qu'ils accomplissent maintenant en pleine conviction que ces œuvres sont bonnes et propres aux hommes.

La loi de la vie humaine est telle que son amélioration aussi bien pour l'individu que pour la société n'est possible que par le perfectionnement intérieur moral. Et tous les efforts des hommes pour améliorer leur vie par les influences extérieures, exercés l'un sur l'autre, par la violence, ne seront que la propagande la plus efficace et l'exemple du mal, et par suite, non seulement, n'amélioreront pas la vie, mais au contraire augmenteront le mal qui, comme une boule de neige, s'accroît de plus en plus et éloigne de plus en plus les hommes de la seule possibilité d'améliorer réellement leur vie.

A mesure que l'habitude des violences et des crimes, qui se commettent sous l'aspect de la loi, par les gardiens mêmes de l'ordre et de la moralité, se répand de plus en plus et que les crimes deviennent plus cruels et se justifient très souvent par la suggestion du mensonge qu'on donne pour la religion, les hommes s'imprègnent de plus en plus de l'idée que la loi de leur vie n'est pas de s'aimer et de s'aider entre eux, mais de lutter les uns contre les autres, et de s'entre-dévorer.

Et plus ils sont pénétrés de cette idée qui les ravale au rang de l'animal, plus il leur est difficile de s'éveiller de cette hypnose dans laquelle ils se trouvent et d'accepter comme base de la vie, la religion vraie commune à toute l'humanité de notre temps. Il s'établit un cercle vicieux. L'absence de religion fait possible la vie bestiale basée sur la violence ; celle-ci rend de plus en plus impossible l'affranchissement de l'hypnose et l'adaptation de la religion vraie. Et c'est pourquoi les hommes ne font pas ce qui est naturel, possible et nécessaire dans notre temps; ils ne détruisent pas la tromperie du semblant de religion, et n'adaptent et ne propagent pas la religion vraie.

XVI

Est-il possible de sortir de ce cercle vicieux et où en est l'issue ? Tout d'abord il semble que ce sont les gouvernements qui ont pris la tâche de guider la vie des peuples par leur bien, que ce sont eux qui doivent tirer les hommes de ce cercle vicieux. Ainsi pensent toujours les hommes qui essayent de remplacer l'ordre de vie basée sur la violence, par un ordre de vie raisonnable basée sur l'aide réciproque et l'amour. Ainsi pensaient aussi les réformateurs chrétiens de même que les fondateurs de diverses théories du communisme européen, et de même pensait le célèbre réformateur Chinois Mi-Ti, qui proposa au gouvernement, pour le bien du peuple, d'enseigner aux enfants, dans les écoles, non les sciences et les exercices militaires, et de ne pas récompenser les adultes pour les arts militaires, mais d'apprendre aux enfants et aux adultes les règles du respect et de l'amour et de leur donner des récompenses et des encouragements pour des actes d'amour. De même pensèrent et pensent beaucoup de réformateurs religieux russes qui sont sortis du peuple, que j'ai connus et que je

connais maintenant beaucoup, en commençant par Sutaiev et en finissant par un vieillard qui, cinq fois déjà, a donné la requête à l'Empereur pour qu'il ordonne d'abroger la religion mensongère et de propager le vrai christianisme.

Il semble naturel aux hommes que les gouvernements qui justifient leur existence par les soucis du bien des peuples doivent, pour affermir le bien, désirer d'employer le seul moyen qui, en aucun cas, ne peut nuire au peuple et ne peut qu'avoir les conséquences les plus fertiles.

Mais les gouvernements non seulement jamais et nulle part ne prirent sur eux ce devoir, mais au contraire, partout et toujours, avec une jalousie extrême, ils défendaient la religion existante, mensongère, ayant déjà vécu et par tous les moyens, persécutaient ceux qui essayaient de communiquer au peuple les principes de la vraie religion. En réalité il n'en peut être autrement. Pour les gouvernements, dénoncer le mensonge de la religion existante et propager la vraie religion, c'est faire comme un homme qui couperait la branche sur laquelle il est assis.

Mais si les gouvernements ne font pas cela, il semblerait que les savants qui, affranchis de la tromperie de la religion mensongère, désirent, comme ils le disent, servir un peuple qui les a élevés, dussent le faire. Mais ces hommes, de même que les gouvernements, ne font pas cela premièrement, parce qu'ils ne trouvent pas raisonnable de s'exposer aux désagréments et aux dangers des persécutions gouvernementales en dénonçant cette tromperie qui est soutenue par le gouvernement, et qui, d'après leur conviction se détruira d'elle-même. Deuxièmement, parce que, considérant toute religion comme une erreur vécue, ils n'ont rien à proposer au peuple à la place de la tromperie qu'ils détruiraient.

Restent alors ces grandes masses d'hommes ignorants qui, au triomphe de l'Église et du gouvernement, se trouvent sous l'hypnose et qui, à cause de cela, considèrent le semblant de religion qui leur est inspiré comme la seule et vraie religion, et croient qu'il n'y en a et ne peut y en avoir d'autre. Ces masses se trouvent sous l'influence d'une hypnose perpétuelle, fortifiée de génération en génération, elles vivent, naissent et meurent dans cet état d'obscurcissement dans lequel les tiennent le clergé et le gouvernement, et si elles veulent s'en affranchir, alors, inévitablement, elles tombent entre les mains des savants qui nient la religion, et dont l'influence devient aussi inutile et aussi nuisible que celle des dominants.

Ainsi, pour les uns est ce désavantageux, pour les autres, impossible.

XVII

Il semble qu'il n'y ait aucune issue.

En effet, pour les hommes irréligieux, il n'y a pas et il ne peut y avoir aucune issue à cette situation. Les hommes qui appartiennent aux classes supérieures gouvernementales, s'ils feignent d'être soucieux du bien des masses populaires, ne s'occupent jamais sérieusement (et ils ne peuvent le faire en se guidant par un but mondain) de détruire cet obscurcissement et cet asservissement dans lequel vivent les masses, et qui leur donnent la possibilité de dominer sur elles. De même les hommes appartenant aux classes asservies, en se guidant aussi par un but mondain, ne peuvent désirer empirer leur situation par la lutte contre les classes supérieures pour détruire la doctrine mensongère et propager la vraie doctrine. Ni les uns, ni les autres n'ont de motifs d'agir ainsi, et s'ils sont intelligents, ils ne le feront jamais.

Mais c'est autre chose pour les hommes religieux qui, malgré toute la dépravation sociale, gardent toujours par leur vie, le feu sacré de la religion sans laquelle ne pourrait exister la vie humaine.

A certaines époques (telle est la nôtre) on ne remarque pas ces hommes, qui, méprisés de tous, humiliés, passent tout à fait inconnus, — comme chez nous dans l'exil, dans les prisons, dans les bataillons disciplinaires, — mais ils existent et c'est par eux que se maintient la vie raisonnable, humaine.

Et quelque petit que soit le nombre de ces hommes religieux, eux seuls peuvent déchirer et déchireront ce cercle vicieux dans lequel sont enfermés les hommes. Ces hommes peuvent faire cela parce que tous les désavantages et les dangers qui empêchent un homme ordinaire de s'élever contre l'ordre actuel de la vie, non seulement n'existent pas pour eux mais augmentent leur ardeur dans la lutte contre le mensonge et dans la profession par les paroles et les actes de ce qu'ils considèrent comme la vérité divine. Si l'homme religieux appartient aux classes dominantes, non seulement il ne voudra pas cacher la vérité pour les avantages de sa situation, mais au contraire, dédaignant ces avantages, il emploiera toutes les forces de son âme à s'en délivrer pour la propagation de la vérité, puisque dans sa vie il n'aura déjà plus d'autre but que de servir Dieu. Et s'il appartient aux classes asservies, de même renonçant au désir commun à tous les hommes, d'améliorer les conditions de sa vie matérielle, il n'aura pas d'autre but que de remplir la volonté de Dieu en dénonçant le mensonge et en professant la vérité. Et aucune souffrance, aucune menace, ne peut déjà l'empêcher de vivre conformément au sens unique qu'il reconnaît à sa vie. Et l'un et l'autre agiront ainsi tout naturellement, de même qu'un homme travaille en supportant des privations pour acquérir des richesses ou pour plaire au potentat de qui il attend quelque avantage. Chaque homme religieux agit ainsi, parce que l'âme d'un homme éclairé par la religion ne vit plus seulement de la vie de ce monde, comme vivent les hommes irréligieux, mais il vit d'une vie éternelle, infinie, pour laquelle les souffrances et la mort sont aussi minimes que le sont pour l'ouvrier des champs les durillons qu'il a aux mains et la fatigue des membres.

Ce sont ces hommes qui déchireront le cercle vicieux dans lequel sont maintenant enfermés les hommes. Si petit soit le nombre de ces hommes, si humble soit leur situation sociale, si peu instruits et intelligents soient-ils, ces hommes enflammeront tout le monde, tous les cœurs desséchés par une longue vie sans religion et avides de rénovation; et cela se produira aussi sûrement que le feu enflamme la steppe sèche.

La religion n'est pas une croyance établie une fois pour toutes, une croyance aux phénomènes surnaturels qui soi-disant se produisirent autrefois, ni la croyance à la nécessité de certaines prières et de certains rites. Elle n'est pas non plus, comme le pensent les savants, le reste des superstitions et de l'ignorance antiques qu'il n'est dans notre temps d'aucune la nécessité d'adapter dans la vie. *La religion c'est le rapport de l'homme envers la vie éternelle*, envers Dieu, rapport établi en accord avec la raison et la science contemporaine et qui seul pousse l'humanité en avant vers le but qui lui est assigné.

« L'âme humaine, c'est la lampe de Dieu » dit une sage expression hébraïque. L'homme est un animal faible, misérable tant que dans son âme ne brûle pas la lumière de Dieu. Et quand cette lumière s'enflamme (et elle ne s'enflamme que dans l'âme éclairée par la religion) l'homme devient l'être le plus puissant au monde. Et il n'en peut être autrement, parce qu'alors, ce n'est plus sa force qui agit en lui, mais celle de Dieu.

Voilà ce qu'est la religion et en quoi consiste son essence.

ÉMILE COLIN, IMPRIMERIE DE LAGNY (S.-ET-M.)

www.ingramcontent.com/pod-product-compliance
Ingram Content Group UK Ltd.
Pitfield, Milton Keynes, MK11 3LW, UK
UKHW021202220726
13924UKWH00003B/1280